AF370175

CATALOGUE

DE

MEUBLES D'ART

Anciens et Modernes

OBJETS DE CURIOSITÉ

Tableaux anciens & modernes

EAUX-FORTES PAR JACQUE, ETC.

Composant la Collection de M. A. COUTEAUX

ET DONT LA VENTE AURA LIEU

par suite de cessation d'affaires, en son domicile

RUE LAVAL, N° 9

Les Lundi 20 et Mardi 21 Avril 1863, à 2 heures précises

———

Par le ministère de M⁰ **BOUSSATON**, Commissaire-Priseur,
rue Le Peletier, 7,

Assisté, pour les Objets d'art, de **M. ROUSSEL**, Expert,
rue Rochechouart, 48,

Et pour les Tableaux, Eaux-fortes, etc., de **M. Francis PETIT**, Expert,
rue de Provence, 43,

Chez lesquels se distribue le présent Catalogue.

———

EXPOSITIONS { PARTICULIÈRE : le Samedi 18 Avril } de 1 heure à 5 heures
{ PUBLIQUE : le Dimanche 19 Avril }

———

1863

CONDITIONS DE LA VENTE

Elle sera faite très-expressément au comptant.

Les acquéreurs paieront, en sus des adjudications, CINQ CENTIMES par franc applicables aux frais.

Nec les prix — de meubles paraissance principalement — 1863 (Avril 1849) 20-21

Collection de M. A. COUTEAUX

MEUBLES D'ART

Anciens & Modernes

OBJETS DE CURIOSITÉ

TABLEAUX ANCIENS ET MODERNES

Eaux-fortes par Jacque et autres

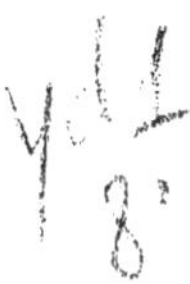

Me **BOUSSATON**, Commissaire-Priseur.

MM. **ROUSSEL** } Experts.
F. **PETIT** }

MÂCON — MUSEAU-IMP... 1925

RENOU ET MAULDE

IMPRIMEURS DE LA COMPAGNIE DES COMMISSAIRES-PRISEURS

Rue de Rivoli, 144

DESIGNATION

—

MEUBLES D'ART

1 — Grand et beau meuble à deux corps en bois sculpté, exécuté avec le plus grand soin d'après le beau meuble de l'hôtel de Cluny.

Le corps supérieur est orné de cariatides de femmes supportant un riche entablement, lequel est surmonté d'un fronton coupé, orné de guirlandes de fruits ; les portes et les panneaux des côtés sont ornés de mascarons très-fins et d'arabesques fantastiques.

Le corps inférieur, fermant à deux ventaux, avec tiroirs au-dessus, d'une ornementation très-riche à rinceaux et feuillages, présente, au centre, une cariatide d'homme d'un très-beau caractère, supportant des consoles à feuilles d'acchante.

2 — Grande crédence fermant à deux portes, avec tiroirs au-dessous. Les angles du meuble et le milieu sont ornés de cariatides de femmes allégoriques; les portes et les panneaux des côtés offrent des bas-reliefs représentant la Justice, la Charité et des mascarons. Le soubassement, richement orné de sculpture, est formé par deux dragons chimériques et une cariatide de satyre qui supportent le meuble. XVIᵉ siècle.

3 — Grand meuble à deux corps, en bois de noyer sculpté, orné, au corps supérieur, de cariatides de ronde bosse, supportant l'entablement et le fronton ; les portes, d'une sculpture très-fine, présentent des mascarons à bouches béantes, des animaux chimériques, et des cuirs enroulés d'un très-beau style ; le corps inférieur, ferme à deux portes, ornées de sculptures avec tiroirs au-dessus, séparés, entre eux par un beau mascaron à face humaine. École lyonnaise du XVIe siècle.

4 — Crédence avec étagère au-dessus, en bois de noyer sculpté ; les portes offrent, au milieu d'arabesques fines et bien sculptées, les lettres A et C. Ce meuble, de travail moderne, est orné de riches moulures sculptées et de balustres de forme très-élégante.

5 — Jolie crédence dans le style du temps de Louis XII, en bois de noyer sculpté ; elle est ornée de pilastres à chapitaux d'une ornementation très-riche, les portes présentent des écussons armoriés, les panneaux de côté et les tiroirs sont ornés d'entrelacs. Travail moderne exécuté avec le plus grand soin.

6 — Deux tables à rallonges en bois sculpté, du XVIe siècle ; les pieds formés par des colonnes à chapitaux, sculptés et ornés de consoles et de pendatifs.

7 — Grand bahut gothique en bois sculpté, formant armoire, ouvrant aux deux extrémités.

8 — Grand bahut formant bureau, en bois sculpté et gravé, travail italien du XVIe siècle. Le support est formé de pieds à balustre tordus ornés de feuillage Ouvrage d'une autre époque.

9 — Belle crédence en bois sculpté du xvie siècle, richement ornée de cariatides, de mascarons et de guirlandes. Elle provient de la collection du prince
Soltykoff sous le no 287 du catalogue.

10 — Autre meuble crédence, à colonnes cannelées, les
portes sont ornées de bas-reliefs représentant Vénus
et Pâris. Travail moderne.

11 — Meuble à deux corps, orné de cariatides, les quatre
portes offrent, en bas-relief, des cavaliers montés sur
des chevaux richement harnachés.

12 — Meuble à deux corps, à moulures unies, garni de
quatre portes avec tiroirs. Il est orné de pilastres
cannelés à chapiteaux sculptés.

13 — Deux crédences en bois sculpté, d'une ornementation
riche.

14 — Grande commode en bois rose ornée de bronze, dessus en marbre brèche d'Alep, époque Louis XV.

15 — Beau meuble à hauteur d'appui en marqueterie de
bois de palissandre orné de cuivre. Il ferme à
quatre venteaux dont deux sur les bouts. Dessus
de marbre à moulure.

16 — Petite table à ouvrage, en bois rose, époque Louis XV.

17 — Deux bureaux en marqueterie de bois à fleurs sur
fond noir, ouvrage moderne, d'après des bureaux
du temps de Louis XIII.

18 — Quatre tables en marqueterie de bois à fleurs, sur fond
de bois de couleur, pieds à entre-jambes à X, avec
ornements sculptés et dorés, style Louis XIII. Travail moderne.

19 — Deux chaises à pieds tors, style Louis XIII, garnies
en velours de laine vert de deux tons.

20 — Table de style gothique, garnie de tiroirs, en bois
sculpté d'un travail très-soigné.

21 — Six chaises à dossiers élevés, en bois sculpté, garnies
de cuir. Ouvrage moderne dans le style du temps de
Louis XIV.

22 — Grand fauteuil non garni, en bois sculpté rehaussé
de dorure. Ouvrage moderne d'après un fauteuil
italien du XVIe siècle.

23 — Grande chaise italienne eu cuir gauffré à fleurs, ornée
de larges clous en cuivre jaune.

24 — Quatre escabeaux en bois sculpté dont les ornements
sont rehaussés de dorure.

25 — Deux escabeaux en bois sculpté, rehaussés de dorure.

26 — Cadre en bois sculpté, orné de deux colonnes supportant un entablement, au centre une moulure circu-
laire ornée de feuillages. Ouvrage moderne.

27 — Lit de repos en bambou de la Chine.

28 — Un fauteuil en jonc.

29 — Deux vitrines en bois de noyer, fermant à deux ventaux à moulures unies. Ces meubles sont très-bien
disposés pour contenir des objets de curiosité.

30 — Quantités de panneaux sculptés et débris de meubles.
Seront vendus par lots.

FAIENCES DE PERSE & AUTRES, PORCELAINES

31 — Grand plat rond en faïence de Perse, décoré de fleurs, dans son cadre en bois sculpté rehaussé de dorure.

32 — Dix-sept plats en faïence de Perse, de décors très-riches et variés. Seront vendus séparément.

33 — Deux vases à anse et couvercle, faïence de Perse, décorés de fleurs.

34 — Un sucrier à couvercle, dito.

35 — Un petit bol et deux tasses avec soucoupes, dito.

36 — Une jolie bouteille avec plateau, dito.

37 — Une chope à une anse, dito.

38 — Pot à eau à une anse, même faïence, très-beau décor.

39 — Grand plat ovale à reptiles et feuillages, en faïence de Bernard Palissy. Cette pièce est remarquable par la beauté de l'émail.

40 — Neptune sur un cheval marin. Belle statuette de Bernard Palissy.

41 — Grand flambeau à tige carrée, en faïence blanche, et une bouteille en forme de couronne, en faïence de Delft.

42 — Vase à une anse surélevée avec couvercle, la panse à double fond est découpée d'ornements à jour. Faïence blanche.

43 — Deux petits plats en faïence hispano-arabe, à reflets métalliques.

44 — Cent-dix assiettes et quatorze plats et compotiers en porcelaine de Venise, décorés dans le style chinois, en émaux de couleur rehaussés d'or.

45 — Grand bol en porcelaine de Chine, décoré de plusieurs cercles d'ornements en émaux de couleur.

OBJETS DIVERS DE CURIOSITÉ

46 — Saint Georges terrassant le dragon. Belle statuette en bois peint et doré, surmonté d'un dais richement sculpté. Travail allemand du xv⁰ siècle. — Hauteur totale, 1 m. 70 c.

(Vente *Soltikoff*, nᵒ 231.)

47 — Pendule automatique allemande, formée par un lion héraldique, la patte appuyée sur un écusson où est placé le cadran. Le piédestal en bois noir est percé d'ouvertures pour laisser voir le mouvement.

48 — Cerf courant. Drageoir en argent doré. Travail allemand du xviiᵉ siècle.

49 — Très-belle clef en fer ciselé du xviᵉ siècle, dont l'anneau figure un monument à quatre piliers, formés de cariatides supportant un entablement surmonté d'un dôme ; le soubassement se terminant en cul-de-lampe est formé de figures accroupies tenant des écussons.
Pièce remarquable.

50 — Casque italien en fer du xviᵉ siècle, orné de bandes d'arabesques gravées, d'un très-beau travail.

51 — Casque allemand, du XVIᵉ siècle, à bombe cannelée.

52 — Pommeau d'épée en fer ciselé et doré, représentant un combat de cavaliers. Travail du XVIᵉ siècle.

53 — Grand bassin ovale à deux anses et supporté par des griffes de lion, en cuivre repoussé, orné de côtes saillantes et de cannelures, avec son aiguière en forme de vase à deux anses de même ornementation. Ouvrage italien du XVIᵉ siècle.

54 — Brasero italien, en cuivre repoussé, orné d'une guirlande de fleurs avec oiseaux ; les anses mobiles se rattachent à des muffles de lion. Socle en bois sculpté.

55 — Deux flambeaux en bronze, à trépieds ornés de figures de satyres, de mascarons et d'animaux chimériques, d'une élégance parfaite et d'un très-beau style, exécutés d'après des modèles italiens du XVIᵉ siècle.

56 — Deux trépieds formés d'enroulements en fer avec parties dorées, d'une forme très-élégante.

57 — Deux flambeaux italiens du XVIᵉ siècle, en bronze, avec ornements ciselés et découpés à jour.

58 — Deux grands feux en fer fondu, formés par des ours enchaînés portant des écussons armoriés.

59 — Deux chenets en fer.

60 — Bas-relief en terre émaillée de Luca-della-Robbia, représentant la Vierge, l'Enfant Jésus et le petit saint Jean. Cadre en bois sculpté et doré.

61 — Grande cheminée en pierre sculptée, du XVIᵉ siècle.

62 — Joli mortier italien en bronze, orné de guirlandes et d'animaux ; deux poissons en forment les anses. Ouvrage du XVIᵉ siècle.

63 — Gourde italienne en cuivre repoussé d'ornements en relief.

64 — Animal chimérique en bronze, couleur florentine.

65 — Lampadaire de suspension en cuivre repoussé, très-beau style.

66 — Coffret en bois sculpté et doré. Travail italien.

67 — Grand et beau plateau vénitien en verre, à filets blancs entrecroisés.

68 — Deux appliques à fond de glace, gravées, cadre en bois sculpté et doré. Travail vénitien.

69 — Bassin en émail cloisonné de Chine, d'un décor très-riche, avec sujet, composé d'un grand nombre de figures. Support en bois sculpté.

70 — Petit vase chinois en bronze, incrusté d'argent.

71 — Porte-bonnet chinois en émail cloisonné.

72 — Encrier en cuivre argenté, avec ornements gravés, époque Louis XIV.

73 — Flambeau de bouillotte, en cuivre argenté.

74 — Boîte ronde à cuvette en agate d'Allemagne, garniture en or ciselé, de couleur.

TABLEAUX ANCIENS & MODERNES

GREUZE

75 — Portrait présumé de Mme la duchesse de Choiseul
et de son fils.

En élégant costume de paysanne de l'époque, elle arrose des
fleurs ; son fils est près d'elle, tenant au bras un panier de roses
et à la main un œillet.
Magnifique cadre en bois sculpté et doré.

Hauteur, 1 m. 60 c. Largeur, 1 m. 25 c.

GREUZE

76 — La Servante poursuivie.

(Esquisse.)

HUBERT ROBERT

77 — Intérieur de parc avec figures.

CHARDIN

78 — Jeune Femme dessinant.

VIGÉE LEBRUN (Mme)

79 — Portrait de Mlle d'Angeville, du Théâtre-Français.

NIWAEL (1658)

80 — Retour de chasse. Portrait de famille.

GREBBER (1640)

81 — Portrait d'homme.

GOLTZIUS GELDORP

82 — Portrait de femme en riche costume du XVIe siècle.

GASPAR DE CRAYER

83 — Le Confesseur de Rubens, portrait en buste.

BRONZIN

84 — Portrait d'un jeune prince de la Maison de Médicis.

BOCCACCINO

85 — La Vierge tenant l'Enfant Jésus sur ses genoux.

INCONNU

86 — Portrait de la reine Élisabeth.

JACQUE

87 — Une rue de village.

CASTAN

88 — Le Loup et l'Agneau.

89 — Petite Fille instruisant un perroquet.

BOURGES (Léonide)

90 — Huîtres et Citron sur une table.

FORT (Th.)

91 — Paysan à cheval.

———

EAUX-FORTES

92 — Vingt épreuves de la grande Bergerie de Jacque, dont trois sur papier vergé.

93 — Eaux-fortes par divers.

94 — Lithographies, photographies, etc.

———

95 — Très-beaux cadres en bois sculpté et doré.

96 — Chevalets, ustensiles d'atelier, etc.

Renou et Maulde, imprimeurs de la Compagnie des Commissaires-Priseurs, rue de Rivoli, 144.   22010

www.ingramcontent.com/pod-product-compliance
Lightning Source LLC
LaVergne TN
LVHW010853180726
843502LV00010B/3873